Mi tiempo soy yo

soy yo

Guía práctica para una vida más simple

BEATRIZ GONZÁLEZ / MARÍA TERESA SCHÖB

Mi tiempo soy yo:
Guía práctica para una vida más simple
Copyright ©2017, Beatriz González / María Teresa Schöb
©2017 Ilustrador: Enrique Rodríguez Jiménez

Primera Edición 2017 - ExLibric
Segunda Edición Actualizada 2019 – Pukiyari Editores

Internet: www.masteringmytime.com

ISBN-10: 1-63065-114-1
ISBN-13: 978-1-63065-114-5

PUKIYARI EDITORES
www.pukiyari.com

Contenido

Introducción

El tiempo es uno de los recursos más valiosos que tenemos y el que con más frecuencia solemos desaprovechar.

Aun sabiendo que es irrecuperable, que nunca más volverá a estar disponible, no le damos la importancia que tiene.

Su ineficiente utilización nos puede llevar a sentirnos estancados o frustrados por querer avanzar y no poder, agotados por el esfuerzo que supone cargar con todo lo que se nos presenta cada día y que nos disponemos a hacer, "cueste lo que cueste".

Es entonces cuando, despertando el interés por gestionarlo de manera óptima, podemos ganar el verdadero **tiempo de vida** que nos merecemos.

Cuando hablamos de productividad, de mejoras, de rendimiento, nos suele venir a la cabeza la imagen de aquellas empresas que tienen como objetivo principal obtener eficientes resultados a partir de la puesta en práctica de estrategias que favorecen el mejor y máximo aprovechamiento de sus recursos y de su tiempo, pero rara vez se nos ocurre pensar que algo así puede ser igual de efectivo en otra empresa o, aún más importante, que es precisamente la que habita dentro de nuestras propias casas.

Por ello, a partir de conocer los significativos resultados alcanzados por la empresa automovilística japonesa Toyota, a raíz de la implantación de un método de gestión de la calidad llamado Kaizen (mejora continua), tuvimos la curiosidad de ponerlo en práctica en nuestros hogares y así poder experimentar su utilidad en primera persona.

Las "5 S" son cinco técnicas que pertenecen a dicho método y en la que nos hemos basado para crear esta guía que nos ha servido de mapa para su aplicación en nuestra casa.

Gradualmente fuimos adaptando estas técnicas y a su vez enriqueciéndolas con otro método igual de útil y efectivo, conocido como: KonMarie.

Marie Kondo, en su libro "La magia del orden", no solo nos lleva con sus propuestas a la parte práctica acerca de cómo debemos ordenar, sino que nos hace ver que usándolas puede encaminarnos a una mejora de nuestra felicidad y bienestar mental.

¿Cuántas veces decimos o escuchamos decir "no tengo tiempo para..."?

Si nos dispusiéramos a elaborar una lista de todo lo que nos gustaría hacer en este momento, veríamos qué es aquello que nos reconforta, qué es aquello que realmente nos colma de felicidad y que vamos posponiendo porque decimos que no tenemos tiempo.

Entonces, ¿por qué no elegir tener más tiempo para compartir con las personas que amamos?, ¿elegir tener más tiempo para hacer lo que deseamos y queremos en cada momento? sin estrés y sin prisas.

Te proponemos que pruebes a realizar pequeños cambios en tu entorno y haciendo esto verás cómo podrás ganar más tiempo, para hacer lo que quieres o para disfrutar de "no hacer nada", desde tu completa elección, sin sentirte culpable ni agobiado por todo lo que "tiene que hacerse".

Lo puedes conseguir

La primera propuesta es la de poner en práctica algunas estrategias en tu entorno más cercano, como lo es tu hogar. A partir de aquí comenzarás a sentir la diferencia de convivir en un orden y simplicidad que evolucionará y trascenderá desde tu exterior hacia tu interior y que a su vez te permitirá poder gestionar mejor tu tiempo. Viviendo de acuerdo con ese orden y simplicidad hará que te conviertas en una persona más resolutiva y práctica.

Lo puedes lograr

Se suele decir: "cambiando tú, cambia tu entorno", pero aquí te vamos a proponer que experimentes lo contrario, verás como **"cambiando tu entorno, también puedes cambiar tú"**.

Cada paso está pensado para ser realizado de manera consciente, teniendo en cuenta tu parte más creativa, dónde cada decisión que tomes irá acompañada de una sensación de agrado y plenitud.

Para ello, vas a necesitar constancia y disciplina; dos hábitos que serán los que determinarán el éxito final.

Nuestro principal objetivo es ayudarte a contar con ese tiempo que se escapa cada día y que no logras disfrutar, que no llegas a VIVIR conscientemente.

En la medida en que vayas implementando este método, observarás que el tiempo invertido será el justo y necesario para que se convierta en efectivo y que a su vez podrás disfrutar mientras lo realizas, motivo más que suficiente para hacer de cada momento un instante único, especial y diferente.

Lo puedes hacer

¿Cómo?

• Creando armonía entre las cosas que posees.

• Simplificando las tareas, actividades y metas de tu rutina diaria.

• Eligiendo solo cosas útiles y duraderas.

• Comprobando que todo cuanto tienes es absolutamente necesario y práctico.

• Auto reflexionando acerca de cómo te sientes cuando habitas dentro de un orden.

Cambia tu entorno

La idea principal antes de su puesta en práctica es la de visualizar un esquema o estructura que te va a ayudar a simplificar el trabajo. La invitación es a seguir cada paso ya que esto te llevará a alcanzar con éxito tu objetivo.

Al principio, habrá que invertir algo de tiempo para realizar cada paso, pero lo interesante es, que lo más laborioso sucederá una sola vez. Luego surgirá el deseo de repetir el proceso, pero ahora será más fácil y rápido porque habrá menos cosas que gestionar y tendrás las ideas más claras de cómo quieres que quede tu entorno.

Puesta en práctica

Pasos a seguir:

1. Seleccionar y clasificar

2. Ordenar y organizar

5. Desarrollar hábitos y disciplina

4 Estandarizar y señalizar

3. Limpiar y mantener

Podrías comenzar por tu habitación y en especial por tu armario. Te va a resultar más fácil empezar por algo que conoces perfectamente, como es tu ropa, determinar cuál es la que más te pones, aquella con la que te sientes más cómoda, más a gusto; y esta sería la dinámica a seguir con cada prenda.

Entonces, lo primero que vas a hacer es vaciar todo el armario, para limpiarlo a fondo y arreglar algunos desperfectos si así lo ves necesario.

Es importante que reúnas toda la ropa que tengas guardada en otros lugares de la casa (como pueden ser otros armarios, cajas, trasteros, vestidores, etcétera) y la coloques junto con la que has sacado anteriormente en un sitio donde puedas apilarla sin que te estorbe en los quehaceres diarios hasta terminar el proceso de selección y otorgarle así su nuevo destino.

Paso 1
Seleccionar y clasificar

Proceso de selección

Debes hacer el proceso de la selección tranquila y conscientemente. Es probable que le tengas que dedicar más tiempo del que inicialmente tenías previsto. De ello depende la efectividad del objetivo principal: "Aprovechar eficazmente nuestro tiempo".

Elegirás de entre toda la ropa aquella con la que realmente te quieres quedar y mientras tomas una a una cada prenda te preguntarás: ¿Me siento a gusto con ella? ¿me la pongo frecuentemente? O, como sugiere Marie Kondo, ¿me trasmite felicidad?

Una vez hecha la selección de aquello con lo que te quieres quedar, todo lo demás lo puedes donar, regalar o vender, (probablemente te sorprenderá ver que es mucha ropa la que sueles tener de un año para otro, ocupando sitio en tu armario y que no te pones).

Lo aconsejable es sacar de casa todo aquello con lo que no te vas a quedar, cuanto antes mejor, para despejar los espacios y así facilitar aún más el trabajo, además de evitar que surja la tentación de quererlo regresar a su sitio y termines igual que como estabas antes.

Llegado a este punto del proceso, te invitamos a reflexionar acerca de cuáles son tus necesidades reales, gustos y preferencias, a partir de hacerte estas preguntas:

- ¿Necesito todo lo que tengo?
- ¿Disfruto teniendo el armario abarrotado de cosas que no uso?
- ¿Me doy cuenta del tiempo y del espacio que tengo que invertir para organizar todo esto?
- ¿Aprecio con gratitud aquello que me hace feliz teniéndolo?

Una buena idea mientras realizas el proceso de selección es experimentar el cambio viviéndolo tanto de afuera hacia dentro como de dentro hacia afuera prestando especial atención a todo lo que sucede dentro de ti.

Responder las siguientes preguntas te puede ayudar a sumergirte en la experiencia:

- ¿Cómo me siento al ver lo que tengo?

- ¿Me dice algo sobre mí, mis gustos, mi manera de pensar, de ser?

- ¿Cuál es la sensación que tengo al conservar solo aquello que me hace sentir bien?

- ¿Qué he descubierto acerca de mí?

Proceso de clasificación

Ya seleccionada la ropa, puedes pasar a clasificarla por categorías: pantalones con pantalones, camisetas con camisetas, calcetines con calcetines, etcétera.

Este paso te permitirá darte cuenta de si tienes lo que necesitas o si debes reponer algo porque ya está en mal estado.

Hecha la clasificación, vas a elegir el contenedor adecuado para colocar todo lo que pertenece a una misma categoría en el mismo sitio, evitando con ello que las prendas u objetos estén desperdigados por todos lados.

Una vez terminado este paso, procede a colocar cada prenda y objeto en los lugares que consideres de más fácil y rápido alcance, teniendo en cuenta el uso y frecuencia que le das cada día; y aquello que usas menos, lo puedes colocar en un sitio del armario que no interrumpa de manera visual el cómodo acceso a lo que estás buscando.

Por ejemplo, si practicas un deporte en particular de manera habitual, te va a resultar más fácil tener las prendas para ese deporte juntas o lo más cerca posible unas de otras, para que de esta manera no pierdas tiempo dando vueltas por toda la habitación, buscando cada cosa.

Paso 2
Ordenar y organizar

El orden contribuye al bienestar personal.

Al poner orden en tu entorno, también pones orden en tu vida. Mientras vas aligerando los espacios, seleccionando aquello con lo que te quieres quedar, encontrándole el mejor sitio, de alguna forma también estás viviendo un proceso de selección en tu interior.

Podrás darte cuenta de lo fácil que puede parecer ordenar un espacio físico, y, sin embargo, notarás que al mismo tiempo te es difícil poner orden en tu espacio interior. La realidad es que el procedimiento que hay que llevar a cabo en ambas situaciones es muy parecido.

El autoconocimiento te permitirá vivir día a día tu crecimiento personal.

Estás descubriendo tus gustos, tus aficiones, la importancia que le das al confort, al bienestar, a cómo te cuidas, te mimas y te quieres.

Cuando habitas dentro del orden, percibes su influencia en tu manera de pensar, de comportarte, de mirar, de sentir. Empiezas a experimentar la necesidad de imitar el orden perfecto que rodea a todo ser humano y que invita constantemente a vivir en su armonía.

En la naturaleza todo fluye de manera natural, su propio equilibrio convierte lo difícil en fácil para, así, hacerte sentir en perfecta armonía con ella.

Puedes reflexionar acerca de este paso haciéndote las siguientes preguntas:

- ¿Cómo me siento ahora?
- ¿Me siento conectado con la naturaleza?
- ¿Me siento conectado conmigo mismo?
- ¿En qué posición me veo dentro de mis prioridades?

Recuerda, cuando te mimas, cuando te quieres y pones especial cuidado en la selección de lo que adquieres y en la realización de lo que deseas, estás contribuyendo a darle un sentido a tu vida.

Tómate unos instantes y siente:

- ¿Me importo realmente?

- ¿He pasado ya de sentirme agobiado o estresado por todo lo que tengo que hacer, a sentirme satisfecho al ver que todo lo que me rodea son solo aquellas cosas que he sabido elegir con total libertad y plena consciencia?

Organizar
¿Cómo doblar y dónde colocar?

Una vez que has destinado un lugar para cada ropa, empieza a doblarla y colocarla en dichos espacios.

Este paso es pura práctica hasta conseguir que cada prenda se quede como más te guste.

La manera de doblar y guardar que propone Marie Kondo es bastante buena. La ropa se coloca de manera vertical como si de un libro se tratase, permitiendo así su rápida localización y a su vez poder cogerla sin que se desordene el resto. Para ello Kondo sugiere tener unas cajoneras o cajas donde ponerla una vez doblada.

Al final, después de mucho probar encontrarás tu propio sistema de cómo doblar y qué contenedor usar. Entonces verás que cuando pruebes a doblarla y colocarla así lograrás mantener el órden por mucho más tiempo.

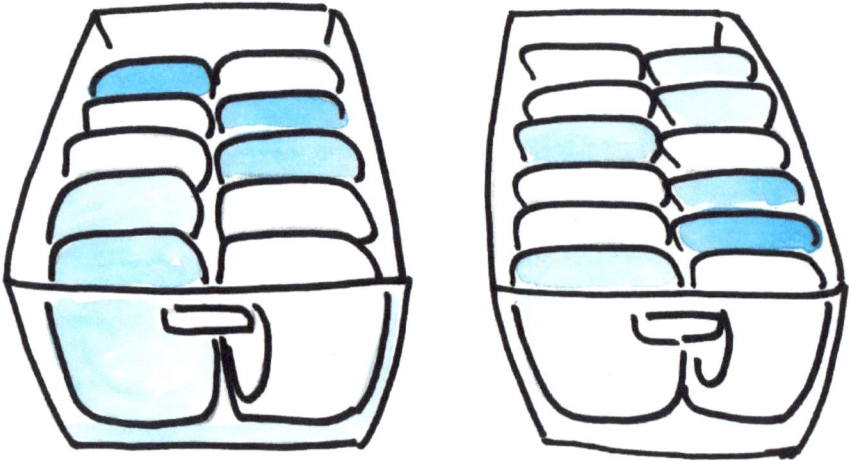

Paso 3
Limpiar y mantener

Es importante determinar qué es lo que ensucia y si es posible eliminar la causa o encontrar una solución para reducir lo que la ocasiona. Este punto se debe tener en cuenta mientras vas aplicando el método en las diferentes estancias de la casa que están más expuestas a ensuciarse debido a su constante uso, como pueden ser los cuartos de baño, la cocina, el salón, etc.

Para ello, en lugar de esperar a que algo se ensucie debes intentar mantener la limpieza con una rutina diaria de pocos minutos. Esto establecerá un ritmo natural que formará parte de tu quehacer diario donde solo tienes que invertir unos instantes para hacerlo, a diferencia de las horas que te puede llevar acometer una limpieza más profunda que puedes dejar para ser realizada cuando sea necesario (una vez a la semana, al mes, al año), según lo planifiques.

Por ejemplo, cuando pasas la aspiradora en tu habitación, aprovecha para aspirar dentro del armario el polvo que suelta la ropa y que se va acumulando en el piso del mismo. O cada vez que vayas al baño y te laves las manos y se salpique el espejo, puedes optar por tener un paño cerca, para pasarle cuando se ensucie; y si quieres que quede aún mejor, puedes tener a mano un pulverizador con una colonia que te guste y rociar el espejo antes de limpiarlo. Esto a su vez sirve para ambientar el cuarto de baño.

Es muy práctico colocar pañitos, una mopa y toallitas cerca de los focos de suciedad para ser utilizados de manera habitual y así mantener la limpieza. También para mantener el orden te puedes servir de algunos contenedores o cajas que estén destinados solamente a ser ocupados en un momento, de manera transitoria, con cosas que encuentres fuera de su lugar y que regresarás a su sitio cuando dispongas de más tiempo.

Te invitamos a tomarte unos minutos para reflexionar y determinar cuáles son esos focos de suciedad que tienes en casa, aquellos a los que debes dedicar más tiempo limpiándolos y cuáles son los más frecuentes.

¿Cómo crees que lo podrías solucionar?

Paso 4
Estandarizar y señalizar

"Lo visual es más efectivo"

Una manera muy eficaz de ganar tiempo es delegar responsabilidades o desglosar las tareas haciendo fácil lo que parece difícil.

¿Cómo?

Con señalizaciones, fotos, dibujos, ilustraciones, carteles, etiquetas, etc. puedes identificar de manera más rápida las cosas.

De esta forma, cuando utilices algún objeto y lo devuelvas siempre al mismo su lugar, tú y todos en casa serán capaces de cogerlo y dejarlo en su sitio sin tener necesidad de preguntar a alguien, que tal vez no te pueda atender en ese momento, dónde está o dónde lo debes colocar.

Vale la pena recordar lo que ya te sugerimos en el Paso 2: que todas las cosas que pertenezcan a una misma categoría vayan en el mismo sitio. Por ejemplo: llaves con llaves (juntas en una caja o cajón), bolígrafos con bolígrafos, tijeras con tijeras, etcétera. Esto hará que ahorres mucho tiempo al no tener que ir correteando por toda la casa buscando cosas.

Paso 5
Desarrolla hábitos y disciplina

Mejora continua

Ser constante en tu rutina diaria es una de las premisas más importantes que se debe cumplir para que cada paso funcione de manera óptima. La perseverancia te conducirá a convertir la rutina en hábito, estableciéndola así en algo que realizas cada día de manera natural.

A medida que vas avanzando en el logro de tus objetivos, se desarrollará en ti una habilidad que te acercará cada vez más a lo que verdaderamente te gusta, a cómo y cuándo lo quieres hacer. Entonces estarás en un momento transformador, un momento de sentir diferente. Y si no ha surgido antes durante el proceso, ahora podría ser un buen momento para darte cuenta de lo que sientes cuando habitas dentro del orden, dentro de la armonía.

Una manera muy útil de poder llevarlo a cabo es tener una agenda donde poder planificar las actividades a realizar dándole prioridad a las cosas más importantes que debes hacer.

Aplicando estos cinco pasos en cada estancia de la casa, lograrás conseguir que el orden y la armonía reinen en tu hogar y por tanto en tu vida.

Es la era de poseer menos para disfrutar más, este es el siguiente paso.

Del hacer al ser

¿Cómo?

UNA PROMESA

Disfrutando y sintiendo cada momento como único.

Disfrutar de mi tiempo, disfrutar de mi espacio, desde la tranquilidad; compartir con mis amigos, con mi familia, sin prisa, beber despacio mi bebida preferida a sorbitos, percibiendo todo su aroma, saboreándola mientras el silencio llena la intimidad que ansía mi corazón, dejando que el perfecto confort y la calidez se manifiesten en su mejor versión para ser recibidos placenteramente.

ESTE PASO ES UNA INVITACIÓN A SENTIR...

A través de mis sentidos voy a diseñar mi mundo tal como quiero que sea y entonces comenzaré a caminar seguro, confiado y agradecido en un entorno acogedor.

¿Qué te gustaría hacer y disfrutar en este momento?
¿Qué te lo impide?

Compartir

"Acompañar"

Cuando experimentas esa paz profunda que es fruto del camino recorrido a lo largo de tu vida, sentirás la necesidad de quererla compartir con otros.

Reconocerte en otros te llevará a conectarte con tu esencia. Cada momento es único, este es tu tiempo y entregar lo mejor de ti a los demás es el mayor legado que puedes dejar.

Cuando vives en un estado de escucha verdadera, de paciencia, de aceptación, sin juicios, estás trasmitiendo un sentimiento de acogida que inspira a los demás a querer sentir lo mismo.

Quizá puedes hacerte las siguientes preguntas:
- ¿Siento la necesidad de compartir?
- ¿Me veo ofreciéndole algo a los demás?
- ¿Cómo escucho?

- ¿Cómo es mi respiración? ¿Soy consciente de cómo respiro?
- ¿Respiro tranquilidad? ¿Respiro paz?

Cada paso propuesto en este libro también puede ser igual de transformador si lo aplicas, no solo en tu entorno sino también en tu propia vida.

Para un momento, haz una respiración larga y profunda, y déjate sentir. Observa tus pensamientos sin emitir juicio alguno y date permiso para expresar todo lo que sientes, tal y como surge. Pregúntate si tu tiempo es tuyo, si lo estás aprovechando al máximo, si lo vives como lo más preciado que tienes, si lo inviertes en aquello que más quieres y anhelas. En definitiva, pregúntate **¿mi tiempo soy yo?**

Beatriz González González

Ha dedicado gran parte de su vida a estudiar música, es licenciada en oboe. Fue integrante de la Orquesta Sinfónica Nacional de La Habana. Da continuidad a sus estudios de postgrado en el Real Conservatorio Superior de Música de Madrid.

Se traslada a Marbella donde ejerce como docente en arte y cultura y en el Conservatorio Municipal de Música. Continuó su formación profesional en la Universidad de Cádiz, convirtiéndose así en experta en musicoterapia.

Es consultora en mindfulness y experta en alimentación consciente, formación que realizó en la Escuela de Desarrollo Transpersonal de Madrid.

Actualmente se desempeña como profesora de música, consultora en mindfulness y facilitadora en talleres de gestión y organización del tiempo en el hogar, actividades que compagina con gran satisfacción con sus diferentes roles que comprenden a la mujer que vive y disfruta totalmente lo que considera sus grandes pasiones, su tiempo, su familia y su aportación a la vida.

María Teresa Schöb Wolniewitz

Ha vivido en varios países. Trabajó muchos años en marketing en diversas aerolíneas. Es profesora de idiomas, facilitadora de talleres de pintura filosófica como un camino de autoconocimiento, facilitadora de talleres de crecimiento personal y motivación a nivel privado y en instituciones públicas.

Es terapeuta biodinámica craneosacral, lo que la llevó a comprender y experimentar lo que es la escucha desinteresada; la que, a su vez, es la base de su labor como consultora en mindfulness.

Desde temprana edad ha estudiado y se ha interesado en temas relacionados con el crecimiento personal y la motivación, actuando como acompañante y escucha.

Durante los últimos años se ha dedicado al estudio y la aplicación de hábitos a fin de lograr vivir con consciencia y aprender a disfrutar mientras vive su tiempo, su vida.

www.ingramcontent.com/pod-product-compliance
Lightning Source LLC
LaVergne TN
LVHW072111070426
835509LV00003B/118